이렇게 키워도 사람 되나요?

이렇게 키워도 사람 되나요?

박티팔 글·그림

그래인

☆ 아무나 하는 게 아니다

☆ 엄마의 첫 만화 도전기

관절 꺾기

더 투박하고, 더 자유롭게

어렸을 때부터 그림 그리는 걸 좋아했다. 흔히 예술 분야의 일을 꿈꾸는 아이들이 그렇듯 그런 것은 재능이 아주 뛰어나야만 할 수 있다고 생각했고, 실제로 주위 어른들이 그렇게 말하기도 했다. 그래서 뭔가를 시도하는 것 자체가 어려웠던 것 같다. 학교 다닐 때는 주로 교과서 모퉁이에 낙서를 하다가, 나이가 들어서는 심리 검사를 하는 동안 환자의 대답을 기다리면서 검사지 여백에다 그림을 그리곤 했다. 육아 휴직을 하고 나서는 남아도는 게 시간이라, 아이들이 좋아하는 주머니몬스터 캐릭터를 그려주었다. 세 아이에게 각각 10개씩 매일매일 그려주다 보니 나도 모르게 그림 실력이 늘었다.

'나도 그림을 제대로 그려보고 싶다'라는 마음이 들 때쯤 도서관에서 한 만화책을 접했다. 너저분하기 짝이 없는 그 만화책은 투박하고 자유로운 그림에다가, 놀랍게도 내용은 더 지저분했다. 예를 들면 '코딱지를 파서 친구 머리카락에 몰래 붙이는 방법'과 같은 것이었다. '이 정도면 나도 그리겠는데…'라고 생각하며 집에 왔는데, 깔깔거리며 보던 그 만화책이 자꾸 생각났다.

'막 그린 그림이 어쩜 그렇게 매력 있지? 그럴 수도 있나?'

그리고 생각했다. 그렇다면 나는 B급도 아닌 C급 그림을 그리자. 더 투박하고 더 자유로운 그림을….

그렇게 용기를 얻어 그날부터 만화를 그리기 시작했다. 처음에는 사람의 동작을 그리기가 너무 어려웠다. 얼굴 표정이나 가만히 서 있는 모습은 그릴 수 있겠는데 이놈의 관절이 안 꺾이는 것이었다. 처음에는 고개를 양쪽으로 돌리는 모습을 연습하다가 다른 만화책을 보고 관절을 꺾는 연습도 했다. 가장 어려운 것은 '인물 밥 먹이기'인데, 이건 숟가락을 쥐어주고 관절을 꺾은 다음 입에다 쑤셔 넣기까지 해야 되는 고난이도 작업이었다.

'각 잡고 그리려니 더 안 그려지네… 교과서나 검사지엔 쓱쓱 잘 그렸던거 같은데….' 힘을 빼고 부담감을 덜려고 일부러 포스트잇에다 그림을 그렸다. '이 그림은 아무것도 아니야. 대충 막 그려도 돼.' 하며 스스로를 세뇌시키고 '맘에 안 들면 휙휙 버려버리자. 어차피 포스트잇이니까.'라고 생각했다. 그렇게 마음에 드는 포스트잇 여섯 장이 모이면 A4 종이에 붙여 아이들에게 연재했는데, 반응이 폭발적이었다. 처음엔 '엄마, 그림 그리는 속도가 너무 느리다'라고 성화를 내다가 나중에는 콘티 북의 존재를 알고 잽싸게 콘티 북을 가져가서 보기도 했다. 아이들은 솔직하게 피드백을 해줬는데 그걸 듣고 또 열심히 그림을 고쳤다. "엄마, 얘는 왜 눈이 세 개야?"라고 물으면 "응, 하나는 점이야." 하고 점 하나를 지우고, "이 엄마는 왜 권총으로 애를 죽이는 거야?"라고 물으면 "권총이 아니라 드라이기거든." 하고 물결로 바람 표시를 했다. 몇몇 에피소드는 재미가 없다고 해서 결말 부분을 다시 그리기도 했다.

  나는 점점 만화에 미쳐갔다. 상 차려놓고 바닥에 엎드려 한 장 그리고, 아이들 옷 입혀놓고 한 장, 재워놓고 또 한 장, 그렇게 밤낮 없이 그려대는 나를 보다 못한 남편이 "어휴, 야야. '진짜 만화가'도 그렇게는 안 그리겠다."라며 제발 좀 그만 그리라고 했다. 캐릭터가 떠오르지 않을 때는 독특한 그림을 잘 그리는 둘째 그림을 주워다 비슷하게 그렸다. 어느덧, 맘에 들지 않아 버리게 되는 포스트잇의 수가 점점 줄어들었다. 인터넷으로 도화지를 주문했다. 제대로 된 펜도 사고 중고 거래 시장에서 프리즈마 색연필도 샀다. 잘못 그린 부분을 가위로 오리고 있는 걸 보더니 첫째가 '프로크리에이트'라는 것도 깔아주었다. 다음날엔 다이소에 가서 파일을 산 다음, 그동안 그린 만화를 몽땅 털어 넣었다. 그리고 그림 보따리를 메고 외쳤다.

  "가자! 출판사로!"

  그렇게 이 만화가 탄생했다.

| 덧붙이는 말 |

만화를 유심히 보시던 대표님이 어디까지가 사실이냐고 물어보셨다. 작가에게 픽션과 논픽션의 경계는 영업 비밀이기 때문에 "이것은 백 퍼센트 리얼 다큐멘터리입니다."라고 뻥을 치고 싶었지만, 그냥 사실대로 말씀드렸다.

이 책은 나의 분신 같은 존재 '나보희'가 주인공인 픽션 만화와 박티팔의 현실 에세이가 어우러진, 현실과 상상을 자유롭게 넘나드는 나의 일기장이자 놀이터이다.

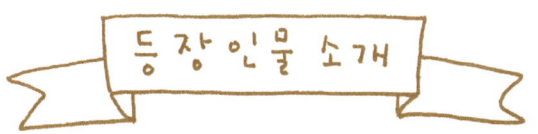

등장인물 소개

나보희 씨 (엄마)

만 43세이나 정신 연령은 초6.
회사를 다니다 육아 휴직을 하고
남편의 카페 일을 돕고 있다.
집에서는 도라이 엄마로 통하지만
밖을 나서면 급 에너지를 잃고
세상 얌전해진다.

도희 (첫째)

중1이나 정신적 측면에서
엄마보다 한 수 위.
육아로 지친 엄마가
우울증을 앓는 동안 힘을 키워
집안의 실세가 되었다.
쿨한 성격, but 할 말을 너무 다 하는 게
　　　　　　　　단점이랄까....

도봉이 (둘째)

초2.
때로 울적해하는 엄마와
까칠한 누나 사이에서
눈치만 늘었다.

도도 (막내)

4살. 집안 귀여움 담당.
책, TV에 나오는 게
모두 사실인 줄 알고
자주 눈물을 흘린다.
언니, 오빠가 아무리 설명해 줘도
이해를 못함ㅋ..ㅋ
정이 많고 감수성이 풍부한 성격.
원래 이름은 '소리'였다.

춘희 이모

51세.
노벨상 탄 작품만 내겠다는
고집 센 출판사 대표.
깐깐한 성격 탓에
친구가 없다.
그녀의 독설을 바로 까먹는
보희 씨 덕에 절친이 될 수 있었다.

내 소개를 이렇게 하다니... 말도 안 돼!

계문상 씨 (아빠)

집에서 유일하게
온전한 정신을 가진 자
이기 때문에 집에서는
외계인으로 통함.

불광천 두루미

난 왜 소개 안 해 줘! 지금 두루미라고 무시하냐!!

- 끝 -

차례

아무나 하는 거 아니다 4
엄마의 첫 만화 도전기 6
관절 꺾기 7
✏️ 더 투박하고, 더 자유롭게 8
등장인물 소개 11

1장
이렇게 키워도 사람 되나요?
네, 됩니다

그때 가서 생각해 1 18
그때 가서 생각해 2 19
이름 가지고 놀리지 마라 21
엄마가 틀렸어 26
절약하는 가족입니다 34
주말엔 목욕탕 39
그런 날… 52
빵점 맞으면 어떡하지 54
엄마 그림 잘 그린다 57
엄마 나무 잘 그린다 59
하늘이 아름다워요 60
똥꼬토끼 모자토끼 63
이야기 창고 69
될 수 있다! 75
✏️ 완벽하지 않아도 괜찮아 76

2장
우리가 함께 살아가는 법
그 엄마에 한 수 위 아이들

쓰레기통으로 들어간 누나 82
선물 90
오늘 밤도 그냥 같이 자자 92
기도할 때 눈 뜨지 마라 96
심부름 98
엄마가 왜 사나워졌냐면 105
오리 걱정, 물고기 걱정 111
어쩌다 작가 123
고대 그리스 누나 신화 126
✏️ 가족신화 135

3장
엄마, 나 사춘기야
사랑해 안 사랑해 사랑해

화장품 신경전 140
건물주가 될 거야 144
뭐라 하시는지 잘… 146
사춘기 147
깡총 150
어머니 성교육 교실 1 151
어머니 성교육 교실 2 153
밤마실 156
우리도 네일 아트 받으러 갈까 161
사월의 네일 아트 163
진정한 강자 170
청소 좀 해놔라 174
도희 학원 보내기 프로젝트 1 179
도희 학원 보내기 프로젝트 2 181
도희 학원 보내기 프로젝트 3 187
성적표가 왔습니다 192
✎ 아 참, 너 아직 사람 아니었지 195

4장
봉희 이야기
언니도 혹시 화병 났어?

기분 전환 1 200
기분 전환 2 201
기분 전환 3 203
기분 전환 4 207
우리가 어떻게 만났냐면 1 209
우리가 어떻게 만났냐면 2 216
언니도 혹시 화병 났어? 220
이것은 어린이 만화가 아닙니다 224
기분 전환 5 226
너부리 이야기 235
골골골 1 240
골골골 2 244
✎ 간지럼 태우기 252

별난 부록
도봉이 이야기

애들 키우기 많이 힘드시죠? 258
뒤로 걷는 아이 272

에필로그 289
너의 스케치북 295

* 1장 *

이렇게 키워도 사람 되나요?
네, 됩니다

살다 보면, 너와 내가 다르다는 것이 참 신기하고 재미있다.
그리고 다른 너와 내가 어우러져 살 수 있다는 것에
마음이 놓인다. 혹시나 내가 아이들을 내 멋대로 키운다 해도
결국엔 그 아이들도 다른 누구와 만나 도움을 주고받으며
살 거라 생각하니, 그리 완벽하지 않아도 괜찮겠다는 생각을
한다. 내가 그랬듯.

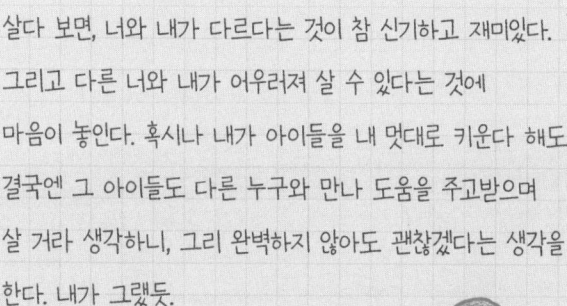

☆ 그때 가서 생각해 1

☆ 이름 가지고 놀리지 마라

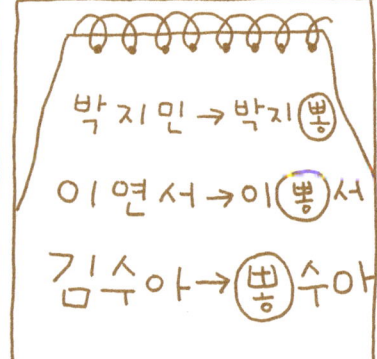

☆ 엄마가 틀렸어

위법(違法)
→ 법을 어김

상행위
→ 물건을 사고 파는 행동

도의에 어긋나다
→ 불법은 아니지만 좀 그렇다.

☆ 절약하는 가족입니다

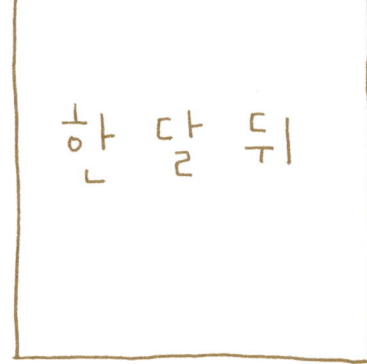

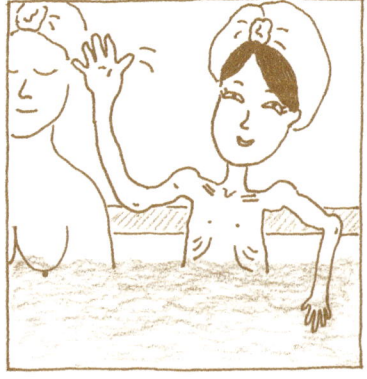

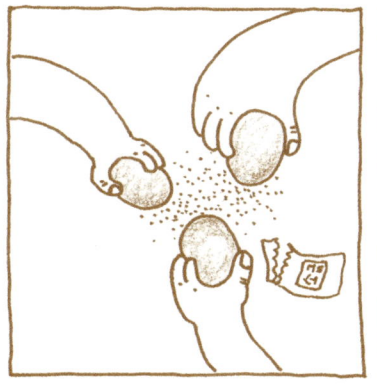

☆ 그런 날...

| 쌉 해결 | 그 다음 날 |

☆ 빵점 맞으면 어떡하지

☆ 엄마 그림 잘 그린다

☆ 엄마 나무 잘 그린다

✧ 하늘이 아름다워요

자려고 누우면
도도가
아무것도 없는
천장이 자꾸 이쁘다 하여

정말로 이쁜 것을 그려주었습니다.

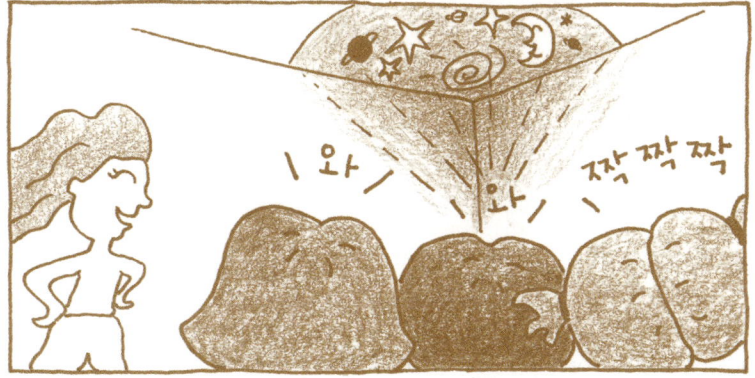

☆똥꼬토끼 모자토끼

엄마, 자요?

아니, 걍 자는 척 하고 있는데

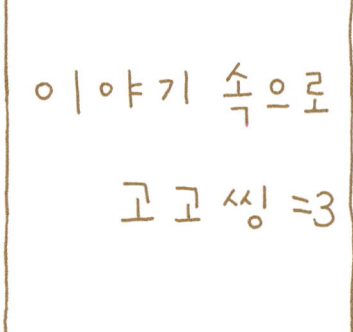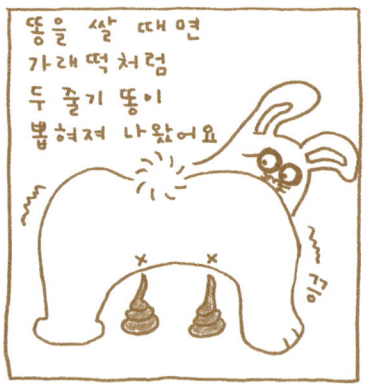

그 후 똥꼬토끼와 모자토끼는 매일 같이 만나
이 산 저 산 뛰어다녔답니다.

세상에 둘도 없는 친구가 되었지요.

이야기 끝~!

쿨쿨쿨쿨

꿈나라로....

이야기 창고

사방이 책으로 둘러싸인 그곳에서, 우리는 딱히 할 일이 없어 책을 읽기 시작했어.

우리는 점점 책과 ♥ 에 빠졌고, 사다리를 타고 꺼내 온 책에 난 에메랄드빛 곰팡이마저 아름다워 보이던 시절이었지

수업 시간에
책을 읽어도
선생님은
아무 말씀
안 하셨고

선생님 자신도
읽던 책을 마저
읽고 싶으셨는지,
허둥지둥 수업을
마치곤 하셨지

비 오는 날이면
공 차던 남자애들도
모두 들어와
책을 읽었는데..

완벽하지 않아도 괜찮아

내가 정신과에서 일하는 임상 심리사라고 하면 사람들이 '애들은 도대체 어떻게 키워야 돼요?'라는 질문을 정말 많이 한다. 아마도 내게 똑 떨어지는 정답을 기대하는 것 같은데, 사실 아주 문제가 있는 아동 혹은 부모를 제외하고는 어떤 상황에 대한 한 가지 해결책만 있지는 않은 것 같다. 나조차도 너무나 내 멋대로 나만의 방식으로 아이들을 키우고 있기 때문에, 다른 사람들에게 어떤 조언을 한다는 것 자체가 민망하다.

얼마 전에 친한 친구가 내게 상담을 해왔다. 초등학교 2학년인 딸아이가 학교 정규 수업을 마치고 있는 돌봄 교실에 가는 것을 싫어한다는 것이었다. 이야기를 들어 보니, 아이가 다소 내향적이기도 하지만 무엇보다 엄마와 집에서 함께 시간을 보내고 싶은 마음이 큰 것 같았다. 당시 친구는 육아 휴직 중이라 시간적인 여유가 많아 딸아이에게 '그럼 집에 와서 쉬라'고 말해줬는데, 다시 생각해 보니 자신이 아이를 너무 나약하게 키우는 건 아닌지, 힘들더라도 새로운 환경에 적응할 기회를 줘야 하는 건 아닌지 걱정이 된다는 것이었다.

주변에 있는 부모들의 자녀 고민 상담을 듣다 보면 '내가 이렇게 저렇게 하면 아이가 이렇게 저렇게 되지 않을까 걱정이다.'라는 식의 레퍼토리가 많은 것 같다. 이러한 문제에 누가 '정답은 딱 이것이다.'라고 답해 줄 수 있을까? 그래서 나는 그냥 이렇게 답해 줬다. '아이를 집으로 오라고 한다면 엄마랑 함께 있는 시간이 생겨서 좋겠고, 반대로 아이에게 돌봄 교실에 있으라고 한다면 규칙과 인내심을 배울 수 있지 않을까. 어떤 선택을 하든 다 좋은 점이 있는 것 같아.' 그랬더니 친구가 안심하는 눈치였다.

부모의 양육 방식에는 각자가 아이를 그렇게 키울 수밖에 없는 깊은 역사가 숨어있는 것 같다. 나는 그와 같은 양육 방식이 어느 극단으로 치우쳐져 있지만 않다면, 모두 각각 배울 점이 있다고 생각하는 편이다. 나는 원래도 계획을 세우거나 목표를 정해놓고 움직이는 것을 좋아하지 않는 편이었다. 태어나서 유일하게 목표를 세워본 것이 '임상 심리사가 되고 싶다'는 것이었는데, 웃기게도 임상 심리사가 되자마자 마음이 변해버려 지금은 직종 변경을 꿈꾸고 있다. 공부를 하고 자격증을 따는 과정에서 힘든 경험을 많이 해 그만 질려버렸기 때문이다.

이렇게 내 마음 하나도 어떻게 변할지 모르는 판에, 계획이나 목표가 다 무슨 소용이람. 노를 버려버리고 배에 누워 강물에 몸을 맡긴 지 오래됐다. 나의 성향이나 개인적인 경험이 그렇다 보니 아이들도 비슷하게 키우고 있다.

그렇다면 누군가 '목표나 계획 따위 중요치 않다는 말씀이신가요?'라고 질문한다면, 그런 방식을 통해서도 배울 점이 많다고 생각한다. 김연아 선수가 모든 걸 놓고 그저 누워서 빙판에 몸을 맡겼다면 금메달을 땄겠는가. 그냥 모두가 다 다른 것이고 자신이 추구하거나 편안하다고 느끼는 방식이 다를 뿐인 것 같다. 이렇게 대충 설렁설렁 사는 나를 닮아 아이들도 모두 울타리 밖 자유 영혼이 될 뻔했으나, 엄청나게 집요하게 계획적인(그래서 사실은 피곤한) 남편을 만나 다행히 아이들의 성향이 다소 보완되었다. 살다 보면, 너와 내가 다르다는 것이 참 신기하고 재미있다. 그리고 다른 너와 내가 어우러져 살 수 있다는 것에 마음이 놓인다. 혹시나 내가 아이들을 내 멋대로 키운다 해도 결국엔 그 아이들도 다른 누구와 만나 도움을 주고받으며 살 거라 생각하니, 그리 완벽하지 않아도 괜찮겠다는 생각을 한다. 내가 그랬듯.

* 2장 *

우리가 함께 살아가는 법
그 엄마에 한 수 위 아이들

아마 많은 사람들이 한 번쯤은 부모로부터 과장된 탄생 신화를 들어본 적이 있을 것이다. 어렸을 때 내가 어머니로부터 들은 이야기들도 가족 구성원 개인의 존재감과 중요성을 북돋아 주는 가족신화의 한 형태였던 것이다. 그리고 어느덧 나도 자식을 낳아 이런 이야기들을 많이 들려주게 되었다. 내가 약해져 있을 때는 자기네들끼리 이야기를 통해 서로를 위로하기도 한다.

쓰레기통으로 들어간 누나

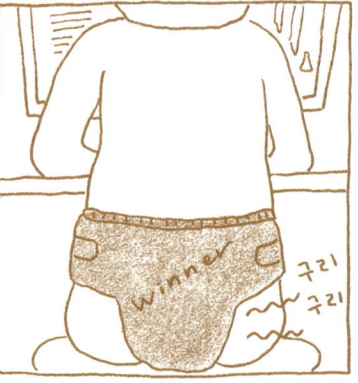

☆ 선물

☆ 오늘 밤도 그냥 같이 자자

☆ 기도할 때 눈 뜨지 마라

☆ 심부름

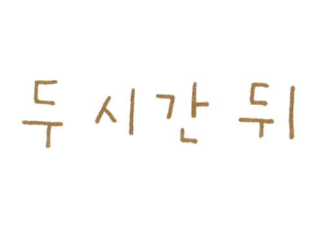

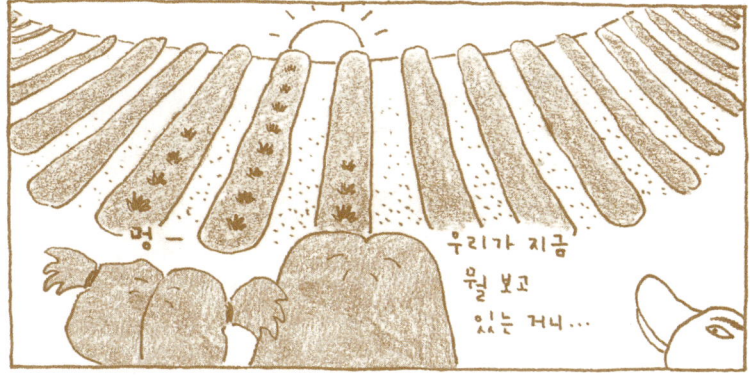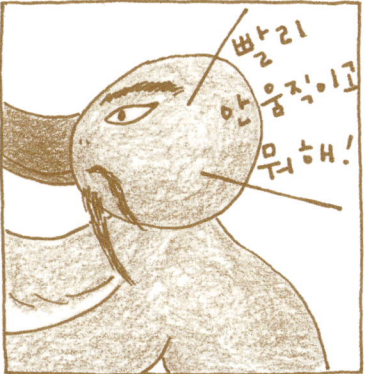

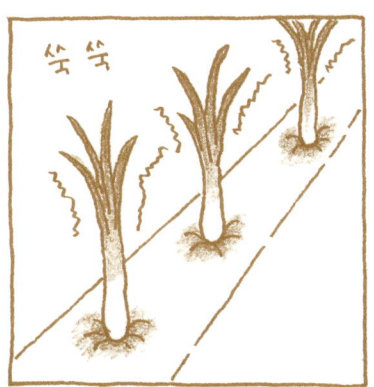

엄마가 왜 사나워졌냐면

☆ 오리 걱정, 물고기 걱정

☆ 어쩌다 작가

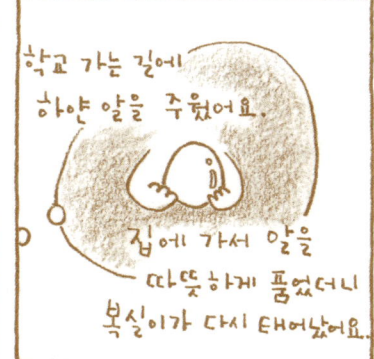

어쩌다 작가.

☆ 고대 그리스 누나 신화

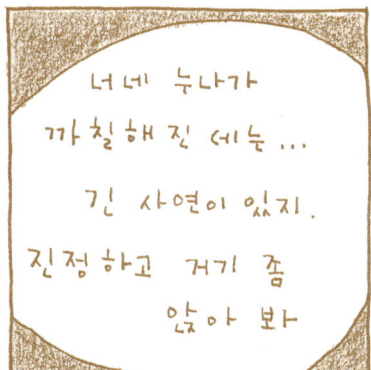

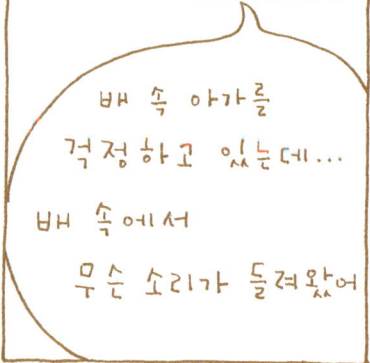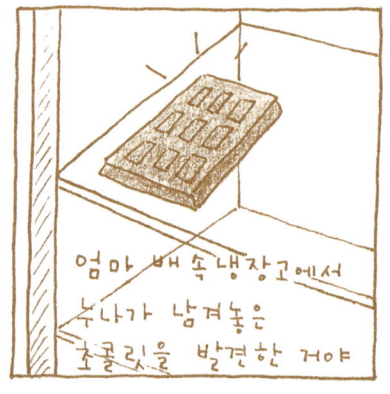

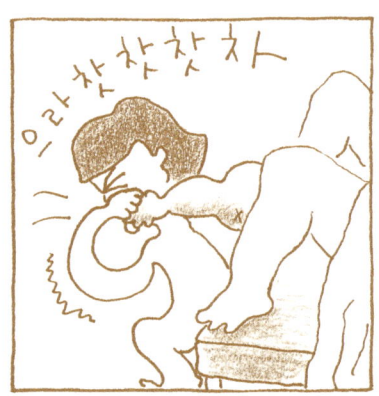

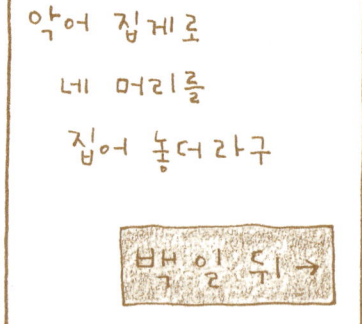

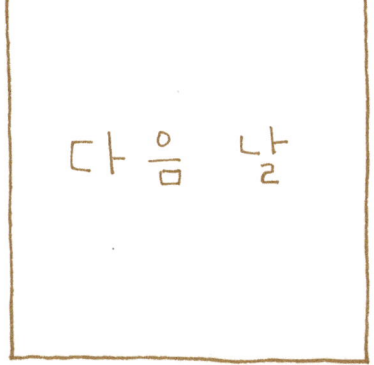

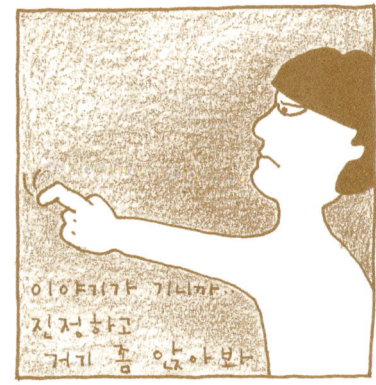

가족신화

생각해 보면, 내가 어렸을 때 엄마는 이런저런 이야기를 많이 해주셨다. 예를 들면 이런 것이다. 내가 신생아일 때 온 가족을 살렸다는 것이다. 가난하던 시절, 우리 가족은 연탄불을 떼는 단칸방에 살고 있었는데 하루는 내가 쉬지 않고 계속 울더라는 것이다. 나를 달래려고 안고 밖으로 나가면 울음을 그치고, 다시 방으로 들어오면 울기를 몇 차례 반복하다가, 연탄가스가 새고 있는 걸 발견하셨다고 한다. 나 덕분에 엄마 아빠, 언니까지 모두 다 살았다는 것이다. 엄마가 이 얘기를 할 때마다, 나를 싸고 있던 담요 색깔과 같은 세부 묘사가 자꾸 바뀐다는 점이 다소 미심쩍긴 했지만, 어쨌거나 내가 우리 가족을 살렸다는 이야기는 어린 내게 큰 자부심이 됐다. 어렸을 때는 남동생이랑 많이 싸웠는데, 동생이 "엄마, 누나 좀 없어졌으면 좋겠어요." 하고 하소연하면 엄마는 이 '온 가족을 구한 신생아 이야기'를 뜬금없이 시작하셨다. 가끔 내게 속상한 일이 생겼거나 기가 죽어있을 때도 이 이야기를 해주셨다. 그런 날에는 더 자세하고 길게 이야기해 주셨던 것 같다. 듣고 또 들어도 질리지 않는 이야기였다.

반면 다정다감한 엄마에 비해 아빠는 좀 무뚝뚝하신 편이었는데, 우리가 가끔 "엄마, 아빠는 너무 무서워요."라고 하소연하면 또 엄마의 이야기가 시작되었다. 제목은 바로 '콩나물 사나이'. 언니를 임신했을 때, 엄마는 입덧이 너무 심해 친정에 가 있었는데, 아빠는 단칸방에서 매일 콩나물만 먹으면서 막노동을 하셨다고 한다. 아빠가 하신 일은 해안에서 다리를 짓는 일이었는데, 땡볕에 다리를 만들다가 견딜 수 없이 뜨거우면 바다로 다이빙을 해서 더위를 식혀가며 일을 했다고 한다. 엄마가 아기를 낳고 집에 돌아와 보니, 새카맣게 마른 아빠가 콩나물만 먹으면서 아껴서 돈을 다 모아놨더라는 것이다. 어떨 때는 "그때 니네 아빠가 콩나물만 먹었지. 내가 친정에 가 있는 게 아니었는데…."라며 눈물짓기도 하셨다. 왠지 이 얘기를 듣고 나면 아빠의 무뚝뚝한 면도 강인한 모습으로 느껴져 멋있어 보였다.

이렇게 어릴 때 내가 들은 이야기는 수도 없이 많은데, 나중에 심리학을 공부하고 나서야 이것이 '가족신화(family myth)'의 한 형태라는 것을 알게 되었다. 가족신화는 한 가정 내에서 공고하게 믿어지는 신념, 가족 구성원들이 반복적으로 들어와서 굳게 믿는 이야기 같은 것이다. 예를 들면 망상을 가진 아버지가 '병원에 가면 국가가 조직적으로 환자의 뇌에 칩을 심는다'는 생각을 자녀들에게 반복적으로 주입하여, 실제로 온 가족이 이것을 굳게 믿게 되어 아파도 병원에 가지 않게 되는 것이다. 이렇게 병리학적인 관점도 있지만, 한편으론 '탄생 신화' 처럼 긍정적인 가족신화도 있다. 아마 많은 사람들이 한 번쯤은 부모로부터 과장된 탄생 신화를 들어본 적이 있을 것이다. 어렸을 때 내가 어머니로부터 들은 이야기들도 가족 구성원 개인의 존재감과 중요성을 북돋아 주는 가족신화의 한 형태였던 것이다.

그리고 어느덧 나도 자식을 낳아 이런 이야기들을 많이 들려주게 되었다. 내가 약해져 있을 때는 자기네들끼리 이야기를 통해 서로를 위로하기도 한다. 하루는 차를 운전하고 가는 길이었다. 아이들이 말도 안 듣고 자기네들끼리 치고 받고 싸우길래 급하게 차를 세우고 고래고래 소리를 질렀다. 자기네들보다 엄마가 더 미친 것 같아 무서웠는지 금방 조용해졌다. 다시 출발해서 가는데, 첫째가 동생들에게 어떤 이야기를 들려주기 시작했다. '엄마가 너네 어렸을 때 미친 과학자한테 잡혀가서 고문을 당해서 그렇지, 원래는 천사 엄마였다'는 것이었다. 그걸 들으니 웃기기도 하고 미안하기도 했던 기억이 난다. 이렇게 비록 절반은 뻥일지라도 서로를 웃기고 위로할 수 있는 이야기가 많아졌으면 좋겠다.

* 3장 *

엄마, 나 사춘기야
사랑해 안 사랑해 사랑해

우리 앞으로 만 번 싸우더라도

만 번 속아 주고 만 번 용서해 주자.

그렇게 지지고 볶으면서 너덜너덜 같이 굴러가자.

사랑해 안 사랑해 사랑해.

- 엄마가.

✧ 화장품 신경전

☆ 건물주가 될 거야

부자 쉽게 되는 거 아님.

✧ 뭐라 하시는지 잘...

☆ 사춘기

다음 날

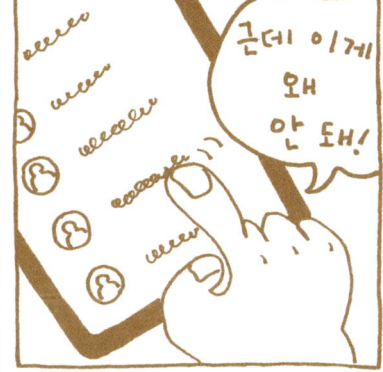

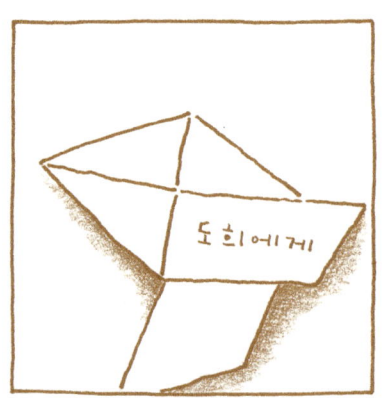

☆ 어머니 성교육 교실 1

몰르겠는 구멍의 정체를 밝혀라.

☆ 밤마실

우리도 네일 아트 받으러 갈까

신 조어를 배우다

사 월 엔
네일 아트 쌉가능
완쌉 가능

☆ 사월의 네일 아트

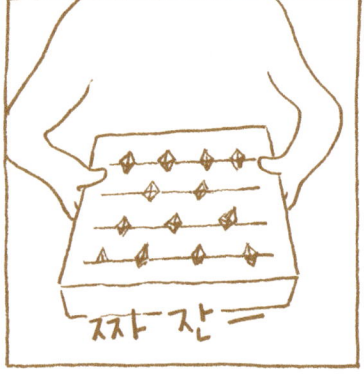

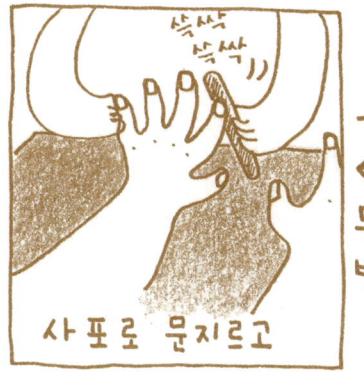

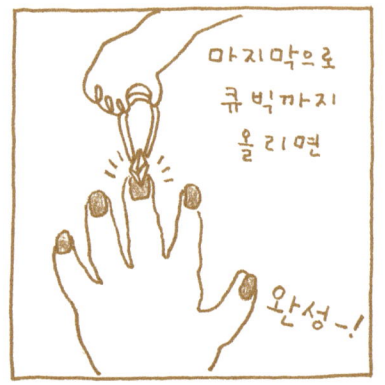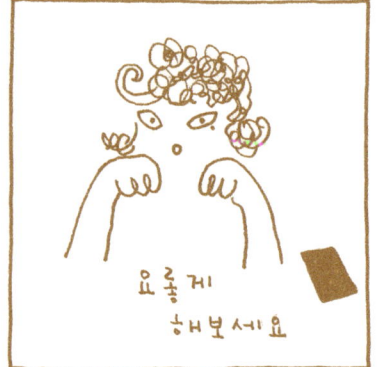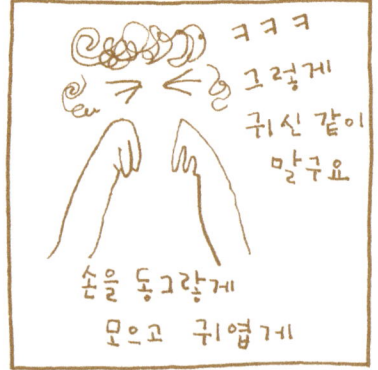

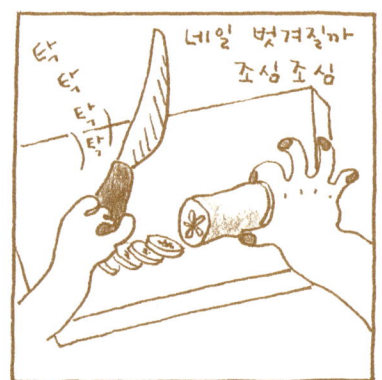

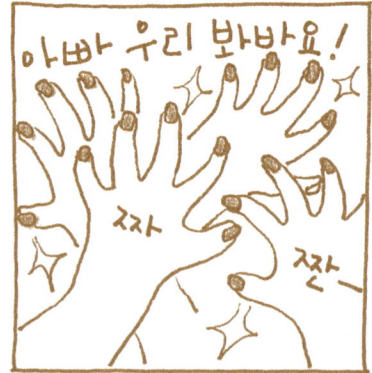

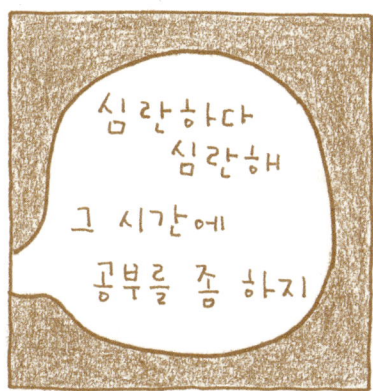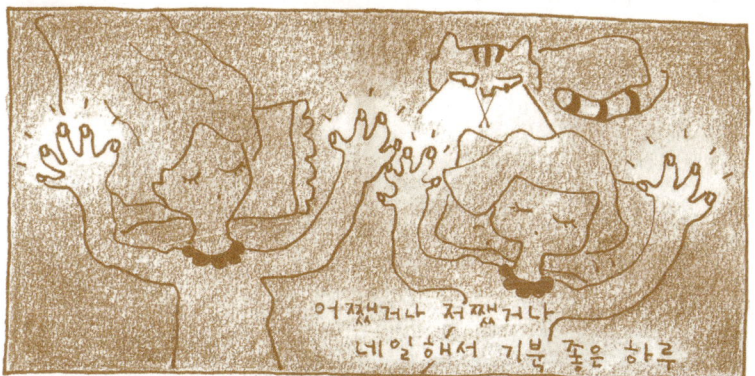

☆ 진정한 강자

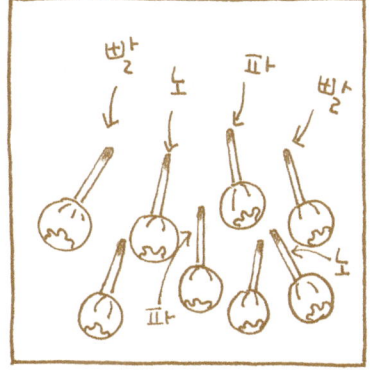

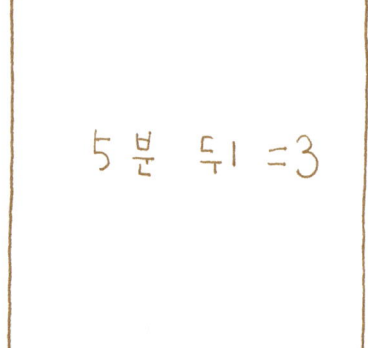

☆ 청소 좀 해놔라

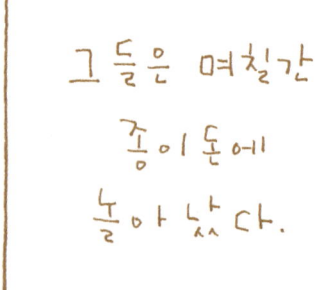

☆ 도희 학원 보내기 프로젝트 1

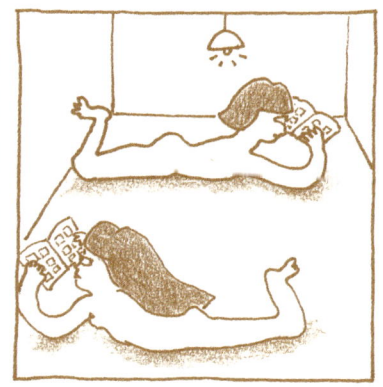

☆ 성적표가 왔습니다

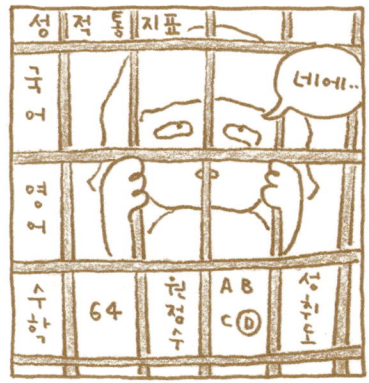

아참,
너 아직 사람 아니었지

요즘 딸아이의 정신이 들어왔다 나갔다 한다. 사춘기를 본격적으로 맞이한 것이다. 더 힘든 점은 이 정신이 언제 들어오고 언제 나갈지 예측할 수 없이 '랜덤'이라는 것이다. 보통, 어른의 경우에는 회사에서 무슨 안 좋은 일이 있어서 기분이 나빠졌다거나… 그런 식으로 예측을 할 수 있는데, 아이들이 겪는 사춘기의 감정 기복은 예측이 어렵고, 그래서 부모를 참 당황스럽게 하는 것 같다.

딸아이의 사춘기 초기에는(지금은 중기입니다) 엄마인 내가 더 좌절감이 심했던 것 같다. 왜냐하면 스스로 내심 아이들에게 바라는 점이 없다고 생각해 왔는데 그게 아니라는 것을 깨달았기 때문이다. 예를 들면, 이런 것이다. '공부는 못해도 되니, 잘하는 게 없어도 되니…' 그런데 사실은 뒤에 단서가 더 붙어야 한다는 것을 알게 되었다. '공부는 못해도 되니… 자기 전에 같이 누워서 그날 있었던 재미있는 얘기를 할 수 있는 사이가 됐으면 좋겠다.'라든지, '특출나게 잘하는 게 없어도 되니… 카페 가서 같이 농담 따먹기하면서 시간을 보낼 수 있는 사이가 됐으면 좋겠다.'라는 식이었다. 이렇게 '가깝고 다정한 관계'에 대한 기대가 깨졌다는 생각에, 사춘기 초반에는 마음이 허탈하기도 하고 자식 소용없다는 부모님의 말씀이 이런 건가 싶다가, 종국에는 요양원에 홀로 누워 오지 않는 딸아이를 기다리는 내 모습을 상상하다가 눈물을 흘리기도 했다. 어떨 때는 딸아이의 뒤통수를 후려치며 소리치고 싶었다. "야 이놈아. 엄마가 싫으면 공부라도 해라!"

지금은 다행히도 정점을 찍고 내려와 어느 정도 안정적인 관계를 유지하고 있지만, 결국 자식을 키운다는 건 놓아주고 떠나보낼 준비를 하는 과정이라는 것을 받아들이게 되었다. 한창 딸아이의 감정 기복으로 실랑이를 벌일 때, 아이가 왜 저러나 이해가 되지 않아 화를 삭이며 앉아있다가, 문득 대학원 뇌 과학 수업 때 들은 문장 하나가 떠올랐다. '인간의 뇌, 그중에서도 고차원적 사고를 담당하는 전두엽은 만 25세가 되어야 완전히 발달한다'는 것이었다. 그 순간, 내가 왜 그렇게 딸아이의 행동 하나하나에 화가 났는지 이해가 되었다. 나는 딸아이를 하나의 '완전한' 인간으로 보고 있었던 것이다. 그때 마침 옆에 키우던 고양이가 지나가고 있었는데, 순간 내 머리에 엄청난 통찰 하나가 꽂혔다. '그래! 딸아이는 사람이 아니다! 반금수(禽獸)다! 저 고양이랑 친구인 것이다!'

이렇게 마인드 컨트롤을 하고 나니, 이 불완전한 아이를 잘 도와줘야 겠다는 측은한 마음이 조금이나마 생겼다. 치매가 있는 어르신에게 왜 기억을 못하냐고 화내지 않듯이… 손가락이 없는 사람에게 왜 연필을 못 쥐냐고 다그치지 않듯이… 어떻게 보면 자신도 완전치 않은 사람이라 힘들 텐데, 겉으로만 멀쩡해 보일 뿐 핸디캡이 많은 이 친구를 자꾸 비난하지 말고 어떻게든 도와줘야겠다는 마음이 들었다(물론 잘 안될 때도 많지만). 예전에는 '아니, 사람이 어떻게 그럴 수 있니'라고 했다면 지금은 '아 참, 너 아직 사람 아니었지.' 이렇게 생각이 좀 바뀌었달까. 내가 이런 얘길 했더니 누가 '그래서 본인 사춘기는 어땠냐'고 물어보던데…. 엄마, 정말 죄송해요. 부끄러워서 차마 여기에 다 못 적습니다. 그때는 제가 사람이 아니었어요. 엄마 도대체 힘들어서 나 어떻게 키웠냐고, 언젠가 딸아이도 내게 이렇게 말하는 날이 올까? 아직은 잘 상상이 안 된다.

* 4장 *

뽕희 이야기
언니도 혹시 화병 났어?

만화를 그리면서 돌아보니, 그 순간에는 분명 힘들었는데, 그리다 보니 그 힘들었던 상황에서도 웃겼던 점이 있고, 그래서 만화를 그리면서 혼자 킥킥대며 많이도 웃었다. 일부러 웃기게 그리려던 것은 아니었는데, 내 삶의 본능이 힘들었던 과거를 즐겁고 의미 있는 기억으로 재편집하라고 일렀다. 나를 웃긴 이 만화가 다른 힘든 누군가의 겨드랑이를 간지럽혀 준다면 더 바랄 것이 없겠다.

☆ 기분 전환 1

기분 전환 3

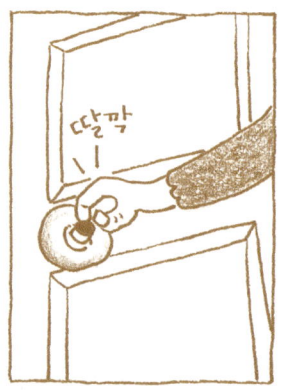

기분 전환 4

☆ 우리가 어떻게 만났냐면 1

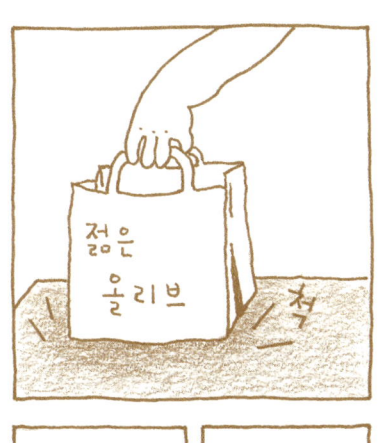

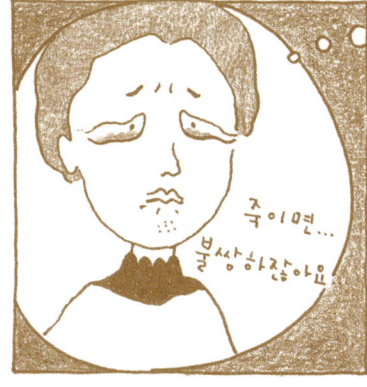

☆ 우리가 어떻게 만났냐면 2

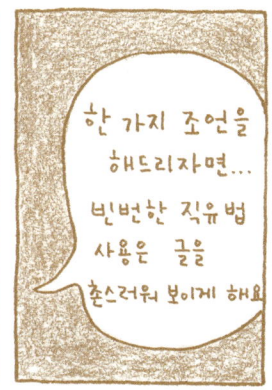

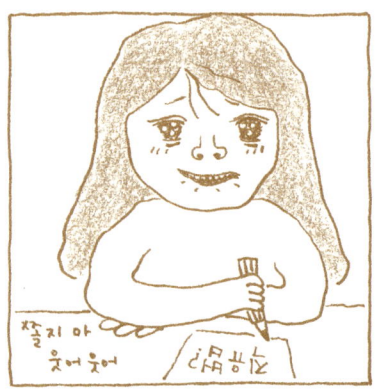

☆ 언니도 혹시 화병 났어?

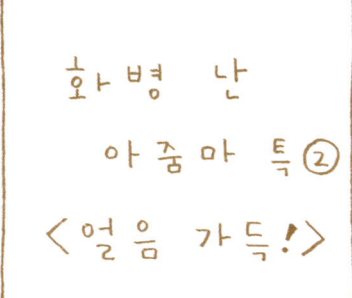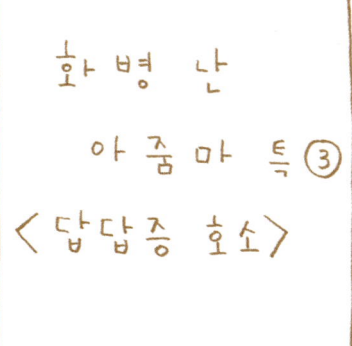

☆ 이것은 어린이 만화가 아닙니다

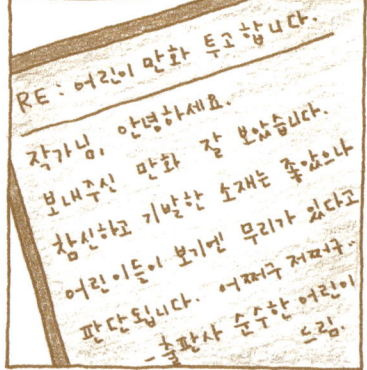

만화로 노벨상을 타겠다.

✧ 기분 전환 5

언니 하와이 좋네… 그치? 나도 처음 와봐….

너부리 이야기

아직도 라면을 좋아합니다. king뚜껑 최고.

☆ 골골골 1

40년간
무분별한 식생활로
골골댔던 걸
여기 다 그리자니,

친정 부모님 걱정하실 것
같아 각설하고,
(이래 놓고 또 다 쓴다ㅋ)
가장 최근 것만
이야기하겠다.

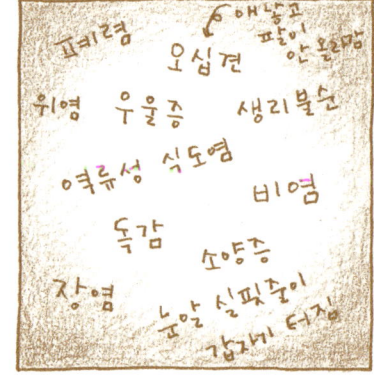

때는 2년 전 퇴근길,
갑자기 심장이 미친 듯 뛰었다

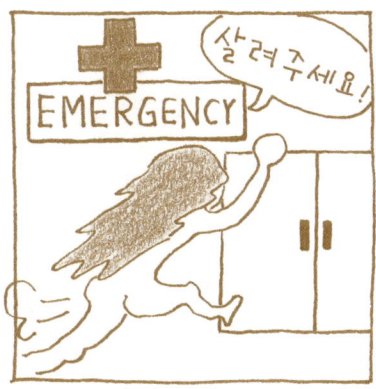

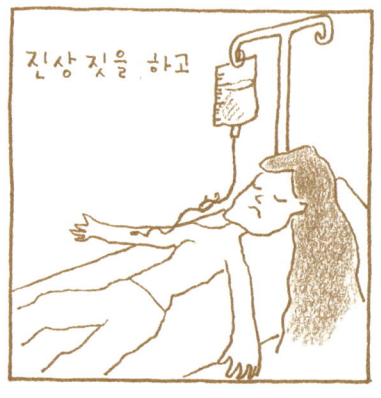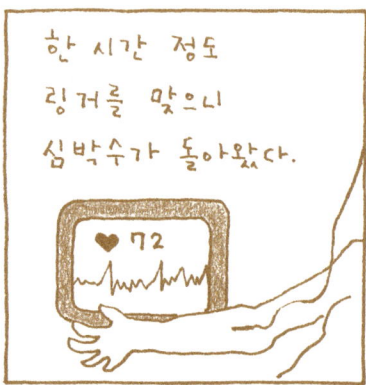

죄송합니다.

☆ 골골골 2

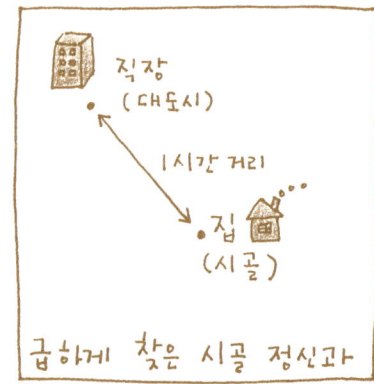

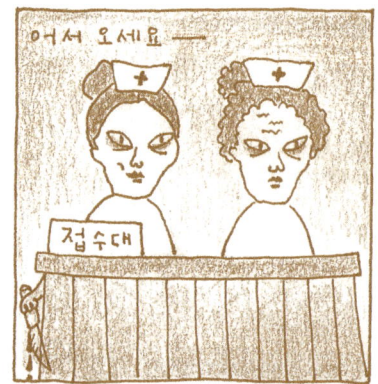

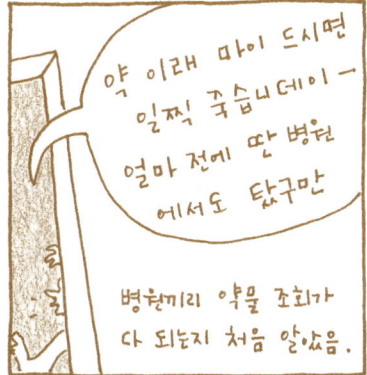

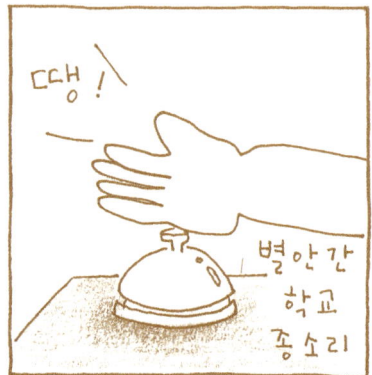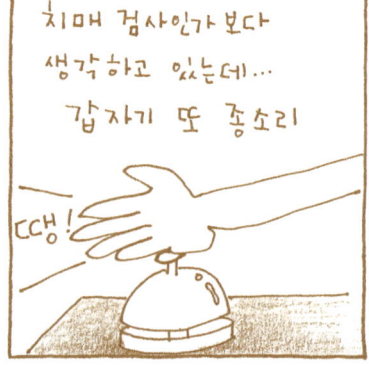

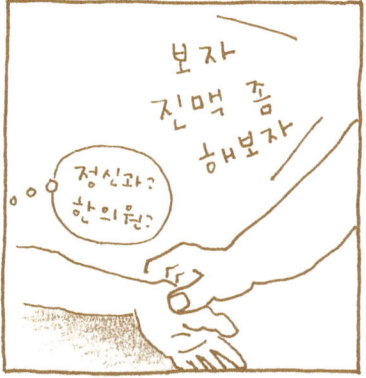

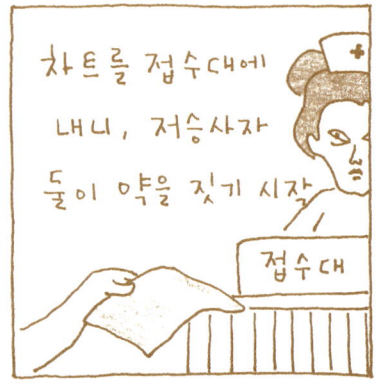

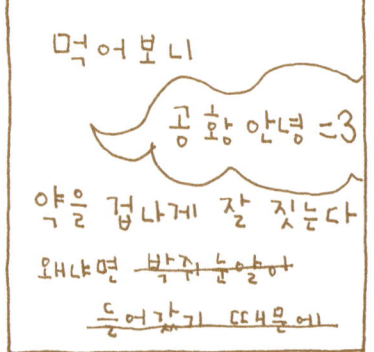

이 병원만의
규칙에 적응하고 나니
느껴지는
묘한 소속감,

나보희 씨는
결국
단골이 되고
마는데...

시간이 지나니
힘들었던 일도
추억이 되니...
산다는 게
참 신기하다.

※ 본 내용에는 만화적 허구가 가미되어, 사실과는 무관합니다.

간지럼 태우기

지금 생각하면 약간 웃긴데, 대학원 재학 시절에 병원 입사 시험을 준비하면서 '화병'의 진단 기준을 열심히 외웠던 기억이 난다. '가슴이 답답하며 속에서 치밀어 오르는 느낌', '열이 나고 목이나 명치에서 뭉쳐진 덩어리가 느껴짐.' 등을 외우면서 '신기하네. 뭐 이런 증상이 다 있대…' 생각했는데, 나이가 드니 이제 그게 어떤 느낌인지 알 것 같다.

만화라는 매체의 특성상, 세 아이를 키우는 워킹맘의 어려움을 다 풀어내기가 어려워 구구절절 그리진 못했지만, 아이들이 어렸을 때는 아슬아슬하게 버티는 상태를 이어왔다. 분명히 삶의 한 단계, 한 단계를 모두 내가 선택한 것인데, 최종적인 그림을 모아놓고 보니 내가 원하는 삶의 모습이 아니라는 것에 어이가 없고 지속적으로 화가 나 있었던 것 같다. 그러면서도 한편으로는 또 나름 정신과에서 일한답시고 아이들을 바르게 키우고자 하는 마음은 커서 그 화를 열심히 참아왔다. 중간중간 고비가 있었지만 어찌어찌 잘 넘어간다 싶었는데, 어느 날 퇴근길에 공황 발작이 왔다. 처음 경험해 보는 증상에 당황스럽기도 했지만, 더 문제인 것은 응급 증상이 가라앉고 나서도 지속되는 불안 증세로 인해 회사에서 의자에 제대로 앉아있을 수 없을 정도로 삶의 질이 낮아졌다는 것이었다. 내가 그동안 '힘드시겠어요.' 말하며 공감하는 척했던 환자들의 하루하루가 정말 이렇게 버거운 것인가 몸으로 이해되는 순간이었다.

외국 속담에 '나쁜 일은 뒤에 좋은 애를 달고 오고, 좋은 일은 뒤에 나쁜 애를 달고 온다'는 걸 읽었었는데, 지나고 보니 그 말이 정말 맞는 것 같다. 나는 이때가 기회다 싶어 그동안 눈치를 보며 쓰지 못하고 있던 육아 휴직을 신청했다. 마침 눈의 흰자위가 터져서 흉측한 모양새로 빨간 눈을 부릅뜨며 육아 휴직 신청서를 들이밀었더니 다들 아무것도 묻지 않았다. 덕분에 꿀 같은 휴식 시간도 보내고 그간 시도해 보지 못한 일들도 하며 행복한 시간들을 보냈다.

언젠가 그림을 그려보고 싶다는 마음이 늘 있었는데, 큰 그림은 좀 무섭고 이렇게 작은 칸들로 이어진 만화를 그리게 되었다. 그걸 아이들도 보여주고 주변의 엄마들한테도 보여줬다. 한 엄마가 이런 유머가 어디서 나오는 거냐고 묻길래 '우울에서 기인한 생존 유머'라고 말해줬다. 그러니까 만화는 내게 '간지럼 태우기' 같은 것이랄까. 만화를 그리면서 돌아보니, 그 순간에는 분명 힘들었는데, 그러다 보니 그 힘들었던 상황에서도 웃겼던 점이 있고, 그래서 만화를 그리면서 혼자 킥킥대며 많이도 웃었다. 일부러 웃기게 그리려던 것은 아니었는데, 내 삶의 본능이 힘들었던 과거를 즐겁고 의미 있는 기억으로 재편집하라고 일렀다. 나를 웃긴 이 만화가 다른 힘든 누군가의 겨드랑이를 간지럽혀 준다면 더 바랄 것이 없겠다.

별난 부록

도봉이 이야기

"난 마음이야."

"마음? 넌 왜 그렇게 이상하게 생겼어?"

"속상한 거 말 못하고 400년을 참고 살았더니,
눈깔이 떨어지고…. 이것 봐, 가슴에는 고름이…
팔도 축 늘어지더니 새카맣게 타버렸어."

(…)

"그냥 엄마한테 솔직하게 말해 보는 게 어때?"

"글쎄… 내 말을 잘 들어주실까?"

"사람은 쉽게 변하지 않지.
하지만 말을 한다는 거 자체가 중요해."

☆ 애들 키우기 많이 힘드시죠?

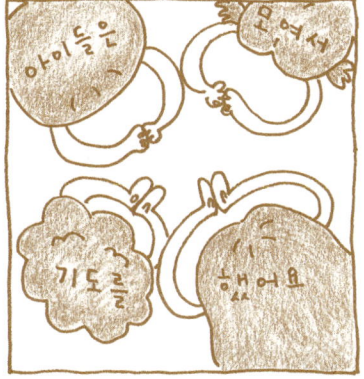

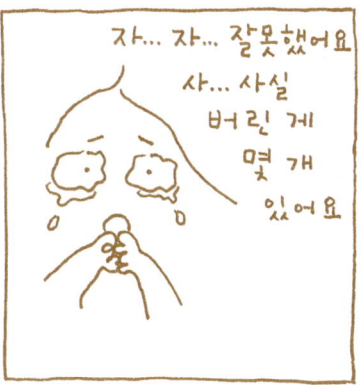

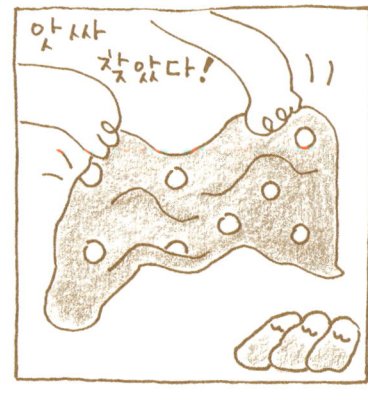

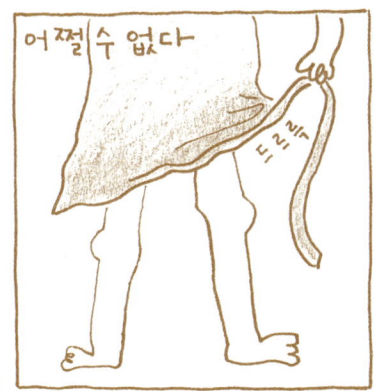

☆ 뒤로 걷는 아이

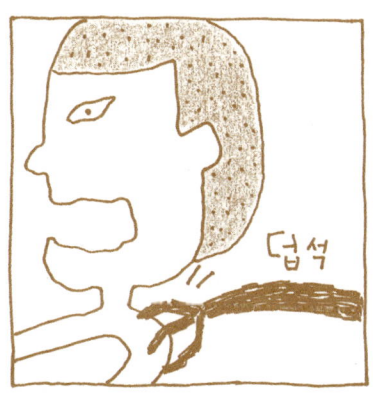

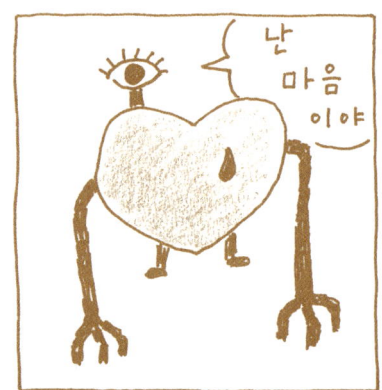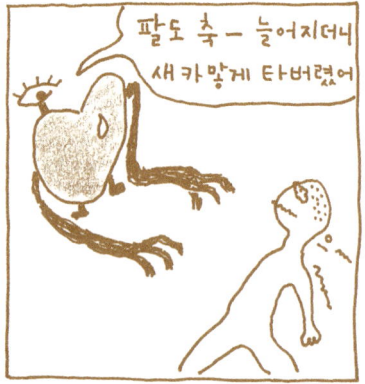

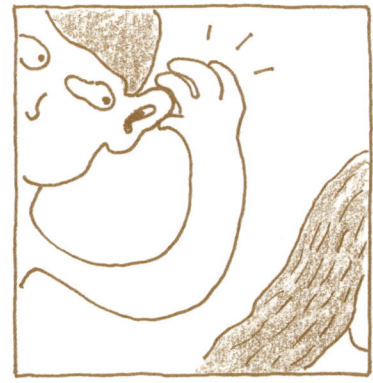

☆ 에필로그

젊었을 때 나는
완벽한 가정을 꿈꿨다.

모든 퍼즐 조각이 딱딱맞아
매끄럽게
굴러가는 가정을...

한동안은
내가 바라는 가정의 모습과 동떨어져 있다는 실망감에 우울해하기도 했다.

내가 가정을 유지하는 모양새는... 이미 여러 번 넘어진 피겨 선수가 순위권 안에 들지 못할 걸 알면서도, 마음을 다잡고 끝까지 경기를 마치려 애쓰는 모습을 떠올리게 했다.

그렇게
절반은 놓아버리듯
지내 온 나날들...

내가 놓아버리면
다 같이
망할 줄 알았는데...

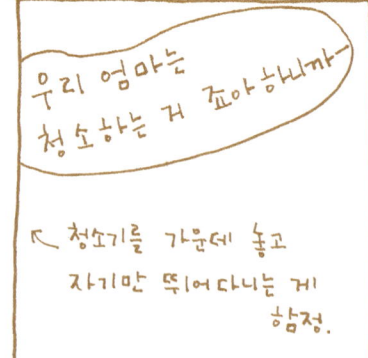

조금 부족하다고 망하는 거 아니다!
각자 최선의 선택을 했음에도
조금 부족하게 굴러가는 것은
받아들이고...

불완전함을
인내하고 수용하면서,
조금이라도 나아지려고
노력하는 모습 속에서...
그렇게 우리는 함께
　　　　어른이 되어간다

너의 스케치북

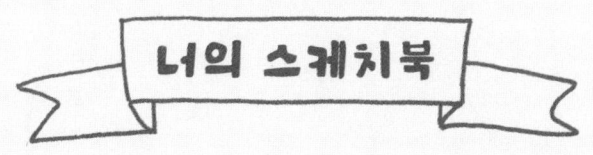

그림 1
평소 아이들과 나는 그림 그리는 것을 좋아해서 자주 그림을 그리는데, 다 그리고 나면 아이들의 그림 중 마음에 드는 것은 파일에 따로 모아 두는 습관이 있었다.

그림 2, 3

세 아이 중 둘째의 그림은 거칠면서 독특한 매력이 있어 가장 좋아하는 편이었는데, 그림 파일집에 자꾸 둘째 그림만 모이는 걸 보고 다른 아이들이 질투를 하기도 했다. "엄마, 사실 도봉이 그림 제일 좋아하지?" 처음에 물었을 때는 아니라고 잡아떼다가 나중에는 그냥 그렇다고 실토했다. "셋 다 똑같이 사랑하지만, 그림 취향은 확실히 도봉이 쪽이야."

그림 4

만화를 그리기 시작하면서는 인물이나 캐릭터가 잘 떠오르지 않을 때, 혹은 뭔가 좀 독특하면서도 개성 있게 그리고 싶을 때, 이 아이들의 그림 모음을 참고했다. 이 그림은 둘째가 그린 그림인데 〈뒤로 걷는 아이〉 에피소드의 '마음이' 캐릭터의 효시가 되었다.

그림 5

이것은 아이의 그림(그림4)에 영감을 받아 내가 콘티 북에 대충 그려본 '마음이' 캐릭터이다.

그림 6, 7

<뒤로 걷는 아이>에 나오는 유령과 코끼리도 둘째의 그림을 보고 비슷한 느낌이 나도록 그려보았다. 유령은 나 스스로도 그릴 수 있었지만 뭔가 귀여운 맛이 나지 않아 둘째를 불러 그려보게 했다. 아이가 그 대가로 천 원을 요구했다.

그림 8

<똥꼬토끼 모자토끼>의 토끼 캐릭터 역시 둘째의 낙서에서 영감을 받았다.

그림 9

〈고대 그리스 누나 신화〉에 나오는 무 인간 캐릭터는 기존에 있는 아이들의 낙서를 참고한 것이 아니고 아예 작정을 하고 둘째를 불렀다. "도봉아, 무 인간 그려줘." "무 인간?" "생긴 건 무인데 약간 사람 같기도 한 거지." "아, 그러니까 반야채 인간을 그려달라는 소리지?" 라고 정확하게 의사소통을 하더니 A4 용지를 팔등분으로 접어 무 인간 8마리를 그려주고 이천 원을 요구했다. 이때부터 도봉이는 직업인으로 전향했다.

그림10

그 후로는 "도봉아, 일루 와바. ○○ 좀 그려줘"라고 하면 대답도 하지 않고 익숙한 듯 내 책상 두 번째 서랍에서 A4 용지를 꺼내 재빠르게 팔등분을 한다. 이런 건 일도 아니라는 듯이 재빠르게 그린 뒤 그리기의 난이도에 따라서 엄마와 가격 흥정을 하기에 이른다. 어제는 자기 그림의 가치를 알아챘는지 이때까지 모은 그림 파일집을 통째로 돌려달라고 요구했다.

박티팔

종합 병원 정신과 임상 심리사이자 워킹 맘입니다. 현재 남편, 세 아이들과 함께 공주시에 살고 있습니다.
아이들과 복닥복닥 지내며 생기는 에피소드, 아이들과 나눈 이야기에 영감을 받아 글을 쓰고 만화를 그립니다.
대표작으로는 『점심때 뭐 먹었냐고 묻지 마라』, 『아무리 놀려도 괜찮은 책』 등이 있습니다.

이렇게 키워도 사람 되나요?

1판 1쇄 2025년 8월 25일 | 글·그림 박티팔 | 편집 백지원 백다영 | 아트디렉팅 이인영
디자인 림어소시에이션 | 찍은곳 동인AP 031. 943. 5401 | 펴낸이 김구경 | 펴낸곳 고래인
출판등록 제2021-000056호 | 주소 서울특별시 강서구 강서로56가길 37, 502호
전화 02. 3141. 9901 | 전송 0303. 3448. 9901 | 전자우편 goraein@goraein.com
홈페이지 www.goraein.com | 페이스북 goraein | 유튜브 goraein | 인스타그램 고래인 goraein,
고래뱃속 goraebaetsok | Copyright ⓒ 박티팔, 2025 | ISBN 979-11-983729-1-8 03810
이 책의 국내외 출판 독점권은 고래인에 있습니다. 이 책은 저작권법에 따라 보호받는 저작물이므로,
이 책 내용의 전부 또는 일부를 무단으로 복사·복제·배포하거나 전산장치에 저장할 수 없습니다.